BEI GRIN MACHT SICH IHR WISSEN BEZAHLT

- Wir veröffentlichen Ihre Hausarbeit, Bachelor- und Masterarbeit

- Ihr eigenes eBook und Buch - weltweit in allen wichtigen Shops

- Verdienen Sie an jedem Verkauf

Jetzt bei www.GRIN.com hochladen und kostenlos publizieren

Bibliografische Information der Deutschen Nationalbibliothek:

Die Deutsche Bibliothek verzeichnet diese Publikation in der Deutschen Nationalbibliografie; detaillierte bibliografische Daten sind im Internet über http://dnb.d-nb.de/ abrufbar.

Dieses Werk sowie alle darin enthaltenen einzelnen Beiträge und Abbildungen sind urheberrechtlich geschützt. Jede Verwertung, die nicht ausdrücklich vom Urheberrechtsschutz zugelassen ist, bedarf der vorherigen Zustimmung des Verlages. Das gilt insbesondere für Vervielfältigungen, Bearbeitungen, Übersetzungen, Mikroverfilmungen, Auswertungen durch Datenbanken und für die Einspeicherung und Verarbeitung in elektronische Systeme. Alle Rechte, auch die des auszugsweisen Nachdrucks, der fotomechanischen Wiedergabe (einschließlich Mikrokopie) sowie der Auswertung durch Datenbanken oder ähnliche Einrichtungen, vorbehalten.

Impressum:

Copyright © 2015 GRIN Verlag, Open Publishing GmbH
Druck und Bindung: Books on Demand GmbH, Norderstedt Germany
ISBN: 9783668293342

Dieses Buch bei GRIN:

http://www.grin.com/de/e-book/339315/step-aerobic-als-herz-kreislauf-gruppentraining-inhaltsplanung-und-hilfsmethoden

Anonym

Step Aerobic als Herz--Kreislauf-Gruppentraining. Inhaltsplanung und Hilfsmethoden

GRIN Verlag

GRIN - Your knowledge has value

Der GRIN Verlag publiziert seit 1998 wissenschaftliche Arbeiten von Studenten, Hochschullehrern und anderen Akademikern als eBook und gedrucktes Buch. Die Verlagswebsite www.grin.com ist die ideale Plattform zur Veröffentlichung von Hausarbeiten, Abschlussarbeiten, wissenschaftlichen Aufsätzen, Dissertationen und Fachbüchern.

Besuchen Sie uns im Internet:

http://www.grin.com/

http://www.facebook.com/grincom

http://www.twitter.com/grin_com

Inhaltsverzeichnis

1 Step Aerobic 2
2 Externe Bedingungen 2
   2.1   Die Räumlichkeiten 2
   2.2   Zielgruppe der Teilnehmerinnen 3
3 Zielsetzung 3
   3.1   Allgemeine Ziele des ausdauerorientierten Kursangebotes 3
   3.2   Spezielle Ziele der Kursstunde 3
4 Inhaltsplanung 4
   4.1   Musikgeschwindigkeit je Phase 4
   4.2   Aufbau- und Hilfsmethoden 4
       4.2.1   Lineare Progression 4
       4.2.2   Add-On-Methode / Additionsmethode 4
       4.2.3   Layering Methode 5
   Hilfsmethoden 5
       4.2.4   Visual Preview 5
       4.2.5   Halbes Tempo 6
   4.3   Belastungsdauer- und Intensität 6
   4.4   Choreographie Step Aerobic 6
   4.5   Kursplanung 7
5 Abschlusskommentar 11
6 Tabellenverzeichnis 12
7 Literaturverzeichnis 12

1 Step Aerobic

Step Aerobic ist eine motivierende Form des aeroben Gruppentrainings und kann sowohl von Anfängern, als auch von Profisportlern mitgemacht werden. Entwickelt wurde es von der US- Trainerin Gin Miller die von ihrem Arzt nach einer Knieverletzung die typische „Step-Up" Bewegung als Muskelaufbau empfohlen hatte. Jedoch wurde ihr das ständige auf und ab auf einer Holzkiste schnell zu eintönig sodass sie diese Bewegung auf typische Aerobic-Musik durchführte und Spaß daran gewann. Die Firma Reebook entwickelte das heute für uns typische höhenverstellbare Step und stellte dies 1990 in Essen auf der FIBO (Fitness- und Bodybuildingmesse) vor (Grisl 2006, S. 1).

Step Aerobic ist ein aerobes Herz-Kreislauf-Training welches eine sehr gute Möglichkeit darstellt um die Ausdauer und Koordination der Kundinnen und Kunden zu verbessern. Zudem ist Step Aerobic gelenkschonend und trainiert in erster Linie die großen Muskelgruppen wie Beine und Gesäß.

Wichtig ist es hierbei auf die korrekte Technik zu achten, dies ist Aufgabe des Trainers.

Mit Spaß und Motivation kann hier das Mitglied mitgerissen werden. Die Ausdauer und die Koordination werden verbessert ohne ein Gefühl des „Müssens" zu vermitteln. Das Training läuft somit fast von selbst.

Dies waren auch die Gründe der Themenauswahl, Step Aerobic ist eine effektive Art um Spaß an der Bewegung zu vermitteln und zusätzlich etwas Gutes für die Gesundheit der Mitglieder zu tun. Die Zielgruppe kann sehr weit gegriffen werden, einerseits können (gesunde) Trainingswillige im Alter von 14 – 60 mitmachen und das Leistungslevel wird dementsprechend angepasst. Es können Anfänger wie auch Fortgeschrittene Kurse erhalten und sich weiterhin in ihrer Ausdauer und Koordination verbessern.

Durch den Ausbildungsbetrieb wurde der Erfahrungsschatz erweitert und die Verfasserin wurde von der begeisterten Teilnehmerin zur Trainerin.

2 Externe Bedingungen
2.1 Die Räumlichkeiten

Da der Kurs in einem kleinen Fitnessstudio nur für Frauen stattfindet sind nicht nur die Räumlichkeiten, sondern auch die Teilnehmeranzahl begrenzt. Der Raum besitzt eine Größe von 50qm, das Studio stellt 10 Steps für verschiedene Kursarten bereit, beispielsweise Step Aerobic aber auch für den Langhantelkurs. Es befinden sich weder Säulen noch andere Hindernisse innerhalb des Kursraumes. Auf Spiegel wurde in diesem Studio aus persönlichen Gründen verzichtet. Viele Damen fühlen sich durch die Spiegel eher verunsichert, jedoch arbeiten die Trainer Face to Face sodass die Kursteilnehmerinnen nicht zwingend einen Spiegel benötigen. Der Kursraum verfügt über einen Laminatboden, daher besitzen die Steps Gummimatten die unter der Stufe zu platzieren sind um ein aus- oder verrutschen der Steps zu vermeiden. Die Steps sind zudem höhen-verstellbar und auf der Trittfläche rutschfest. Durch die Höhenverstellbarkeit der Steps kann je nach Leistungsstand variiert werden indem die Stufen entweder höher oder niedriger gestellt werden.

Eine moderne Musikanlage und zahlreiches Musikmaterial kann verwendet werden und somit kann die Musik an den jeweiligen Kurs und deren Teilnehmerinnen angepasst werden.

2.2 Zielgruppe der Teilnehmerinnen

Wie oben beschrieben handelt es sich um ein reines Frauenfitnessstudio, somit sind die Teilnehmerinnen ausschließlich weiblich. Der Step-Aerobic Kurs richtet sich an Anfängerinnen die jedoch geringe Vorkenntnisse vorweisen. Die Grundschritte des Step - Aerobic (wie beispielsweise Basic, Mambo cha cha cha, Step - up usw.) sind bekannt. Kleine Fehler in der Ausführung sind noch vorhanden, werden aber durch mehrmalige Erinnerungen reduziert. Da eine geringe Anzahl an Steps vorhanden sind, ist die Teilnehmeranzahl auf neun Teilnehmerinnen begrenzt um auch genug Raum für die einzelnen Damen zu gewährleisten. Dadurch kann sich jede der Damen frei entfalten und muss nur auf ihre eigenen Bewegungen achten.

Der Kurs richtet sich an Jugendliche und Frauen im Alter von 15 – ca. 30 Jahren wenn keine besonderen Krankheitsbilder wie beispielweise X-Beine, Kniefehlstellungen oder Hüftprobleme bekannt sind. Jedes Kundin durchläuft am Anfang ihrer Mitgliedschaft eine Eingangsanalyse in der speziell auf körperliche Probleme eingegangen wird sodass der Trainer eine Empfehlung ausspricht welche Kurse für die Dame geeignet sind.

Eine geringe Ausdauer ist kein Ausschlusskriterium, sollte die Dame eine sehr geringe Ausdauer besitzen kann diese eine kleine Pause einlegen und später wieder mit einsteigen. Step Aerobic wird bei regelmäßiger Teilnahme ihre Ausdauer verbessern sodass sie nach und nach eine komplette Stunde ohne Pause mittrainieren kann.

3 Zielsetzung

3.1 Allgemeine Ziele des ausdauerorientierten Kursangebotes

Die allgemeinen Ziele des Ausdauertrainings können sein:
- die Verbesserung der Ausdauer der Teilnehmerinnen
- die Verbesserung der koordinativen Fähigkeiten
- die Verbesserung des Herz-Kreislauf-Systems
- eventuelle Reduzierung des Körperfettanteils (falls gewünscht)
- allgemeine Anregung des Stoffwechsels, besonders dann wenn ein Fettstoffwechseltraining erwünscht ist
- Verbesserung des Körpergefühls / Selbstbewusstseins
- Spaß und Freude an der Bewegung und Sport allgemein

3.2 Spezielle Ziele der Kursstunde

Spezielle Ziele der Kursstunde sind:
- Technik verbessern
- Armbewegungen vermitteln
- eine neue Schrittabfolge flüssig „nach tanzen"
- erzielen einer höheren Reaktionsschnelligkeit der Teilnehmerinnen auf Anweisungen und Cueing

- eine kleine Step Choreo ohne den Trainer absolvieren
- bis zu 500 kcal je Trainingseinheit verbrennen

Die Damen können innerhalb einer Trainingseinheit bis zu 500 kcal verbrennen, dies ist natürlich von der trainierenden Person abhängig. Da die Teilnehmerinnen auf einem geringen Leistungsniveau anzusiedeln sind werden die Steps auf die geringste Stufe gestellt. Neue Schritte werden in der geplanten Stunde nicht verwendet um ein größeres Augenmaß auf die Technik legen zu können und um die Teilnehmerinnen nicht zu überfordern. Der Spaß an der Bewegung sollte im Vordergrund stehen um die Damen weiterhin zu motivieren.

4 Inhaltsplanung

4.1 Musikgeschwindigkeit je Phase

Warm-Up allgemein : 120 bpm bis 125 bpm
Warm – Up speziell: 125 bpm
Hauptteil: 125 bpm – 130 bpm
Cool Down 1: 120 bpm
Cool Down 2: 120 bpm

4.2 Aufbau- und Hilfsmethoden

4.2.1 Lineare Progression

Im allgemeinen Warm-Up oder in Anfänger Stunden findet man oft die Methode der **linearen Progression**. Bei dieser Methode bleibt eine Bewegungsablauf immer gleich und nur ein kleiner Teil wird abgeändert. Beispielsweise fängt der Trainer mit einem Basic Step ohne Arme an, nach einigen Wiederholungen werden die „Walking-Arms" mitgenommen. Einige Basic Steps weiter bleiben die „Walking – Arme" und der Trainer geht in einen „V-Step" über. Später bleib der „V-Step" und nur die Arme werden verändert in einen „Butterfly".

Ersichtlich wird, das immer nur ein Bewegungsablauf, entweder Arme oder Beine verändert werden. Pluspunkt ist hierbei das auch Anfänger schnell folgen und Erfolge erzielen können, dies steigert natürlich die Motivation um weiterhin dran zu bleiben. Gern genommen wird diese Methode im Warm-Up so wie auch bei der unten aufgeführten Planung der Kursstunde.

4.2.2 Add-On-Methode / Additionsmethode

Bei dieser Methode wird zunächst ein Schritt geübt bis dieser beherrscht wird um dann einen nächsten Schritt an zu hängen:
Beispiel:
Schritt A wird geübt
Schritt B wird geübt
Schritte A + B zusammen hängen
Schritt C wird geübt

Schritte A + B + C werden zusammen gehängt
Schritt D wird geübt
Schritte A + B + C + D werden zusammen gehängt

Beim Step Aerobic ist jedoch darauf zu achten das beide Seiten gleich belastet werden. Hierfür ist ein Repeater sehr gut geeignet um das Führungsbein während der Choreo zu wechseln. Aus Erfahrung heraus müssen hierbei jedoch dann beide Seiten einstudiert werden da viele Teilnehmer Probleme haben einen Schritt auf links nachzuahmen.

In der unten aufgeführten Planung wurden die Blöcke A + B + C zum Finale zusammen gefügt um die Choreographie komplett durchzutanzen.

4.2.3 Layering Methode

Layering, auch „Schichten" genannt, eignet sich sehr gut für Anfänger da zunächst nur ein Schritt als Bewegungssequenz eingeführt wird.

Nach und nach werden die Schritte verändert und ggf. das Level gesteigert.

Vorteil hierbei ist die Flexibilität des Teilnehmers, sollte dieser einem Schritt nicht folgen können kann dieser einfach bei einem bekannten Schritt bleiben.

Beispiel:

Schritt A + A + A + A
Schritt A + B + A + A
Schritt A + B + C + A
Schritt D + B + C + A

Basic Step + Basic Step + Basic Step + Basic Step
Basic Step + V-Step + Basic Step / Down + Knee – Repeater
Basic Step + Basic Step + Mambo + Knee Repeater
Basic Step + Leg Curl + Mambo + Knee Repeater
V - Step + Leg – curl + Mambo + Knee-Repeater
(Zu erkennen im Block A der Planung.)

Hilfsmethoden

4.2.4 Visual Preview

Während der Teilnehmer weiterhin einem einfachen Schritt folgt (beispielsweise dem Basic) zeigt der Trainer einen neuen Schritt vor. Auf ein Zeichen des Trainers steigt dann die Gruppe später wieder mit ein.

4.2.5 Halbes Tempo

Wie der Name schon sagt wird ein Bewegungsablauf (z. B. Bei Drehungen oder beim erlenernen einer neuen Technik) im halben Tempo vorgeführt und nachgemacht. Der Trainer nutzt hierbei nur jeden zweiten Beat sodass der Teilnehmer besser folgen kann. Jedoch sollte diese Methode nicht allzu oft verwendet werden um die Trainingsherzfrequenz möglichst stabil zu halten (Slomka, 2002).

4.3 Belastungsdauer- und Intensität

Belastungsintensität: 75 – 80% nach der intensiven Dauermethode
Belastungsdauer:
Warm up: 10 Minuten
Haupttteil: 40 Minuten (hierbei dann 75 – 80 % nach der intensiven Dauermethode)
Cool down: 10 Minuten

Eine Belastungskontrolle erfolgt bei einigen Teilnehmerinnen durch das Tragen eines pulsgurtes. Die genaue Trainingsherzfrequenz wurde vorab errechnet und mitgeteilt. Die Damen ohne Pulsgurt sind bestens mit der BORG Skala vertraut und können daher die Belastung sehr gut einschätzen. Steuern kann der Trainer die Belastung einerseits indem er das Tempo entweder verringert oder erhöht. Auch das Verstellen des Steps dient dazu die Stunde anstrengender zu gestalten. Der Trainierende kann die Belastung etwas steuern indem er bei besonders schwierigen Schritten in den Basic oder March wechselt um seine Trainingsherzfrequenz wieder zu senken.

4.4 Choreographie Step Aerobic

- Zielgruppe: Anfänger mit Grundkenntnissen
- Dauer der Einheit: 60 Minuten
    - Benötigtes Material: 1 Step, Aerobic Musik

4.5 Kursplanung

Tabelle 1: Tab. 1 Step Aerobic Warm Up

	Einleitung (ca. 2 Minuten / ohne Musik)	
	Begrüßung der Teilnehmerinnen mit Vorstellung der Trainerin. Es wird gezielt auf die Technik und die Sicherheit (bsp. Aufstellung des Steps) hingewiesen und motiviert.	
	Allgemeines Warm – Up (ca. 5 Minuten / 120 – 125 bpm)	
	Ziele des Warm-Up: Vorbereitung des Herz-Kreislauf-Systems, Erwärmung der Muskulatur, Motivation zur Stunde, mentales Ankommen der Teilnehmerinnen	

Beinbewegung	Arm-/Oberkörperbewegung	Hinweise / Kommentare
		Blockaufstellung, Steps stehen versetzt Methode: Lineare Progression
March	Walking Arms	Saubere Fußarbeit, Arme werden locker an der Seite diagonal zum Fuß mitgeführt
Tap nach vorn	Walking Arms	
Step touch	Vor und zurück schwingen, lockeres rudern	Fuß sauber abrollen, große Schritte
Double Step touch	Vor und zurück schwingen, lockeres rudern	Fuß sauber abrollen, große Schritte
Side to side	Schultern werden mitgenommen	Fuß sauber abrollen, Gesäß geht tief
Side to side	Arme lang vor den Körper strecken	Fuß abrollen, Gesäß geht tief

Tabelle 2: Tab. 2 Step Aerobic Spezielles Warm Up

	Spezielle Erwärmung (ca. 5 Minuten / Musik 125 bpm)	
	Ziele: Vorbereitung der Schritte des Hauptteils, Mobilisation der Gelenke, erste Verwendung des Steps	

Beinbewegung	Arm-/Oberkörperbewegung	Hinweise / Kommentare
		Step wird einbezogen Aufbaumethode: Lineare Progression
Tap toe frontal	Walking Arms	Step wird mit einbezogen, ganzer Fuß wird hinten aufgesetzt, Führungsfuß berührt kurz das Step
Basic	Butterfly	Füße abrollen, Oberkörper aufrecht, Arme bewusst mitführen
V-Step		Füße abrollen, Oberkörper aufrecht

V-Step	Arme jeweils zur Seite des Fußes leicht seitlich ausstrecken, auf dem Boden sind die Hände wieder in der Seite	Füße abrollen, Oberkörper aufrecht
Leg Curl	Nackendrücken	Füße abrollen, Oberkörper aufrecht
Repeater Leg curl	Nackendrücken	Füße abrollen, Oberkörper aufrecht
Tap Up, Tap Down	Clapping Hands	Füße abrollen, kein „wippen", Oberkörper aufrecht

Tabelle 3: Tab. 3 Step Aerobic Hauptteil

Hauptteil (ca. 40 Minuten / 125 – 130 bpm)
Ziele sind hierbei die Koordination zu fördern und die Ausdauer der Teilnehmer zu bessern

ZZ	Beinbewegung	Armbewegung	Hinweise / Kommentare
Block A / 32 ZZ (Layering)			
1 – 8	V-Step	Hand wird diagonal auf die gegenüberliegende Schulter gelegt, (Beispiel: rechter Fuß – rechte Hand auf der linken Schulter), beim zurück gehen wird die Hand wieder an die Hüfte gelegt	Aufbaumethode: Layering. Start sind 7 Basic Steps (25 ZZ) und ein Knee Lift Repeater (im Wechsel re li) 1- 24 Basic 25 – 32 Repeater 1) 1-8 (ZZ) Basic ersetzen durch V-Step (2x) 2) 9 – 16 (ZZ) Basic ersetzen durch Leg Curl (2x) 3) 17 – 24 (ZZ) Basic ersetzen durch Mambo Cha cha (2x) Choreographie wird so lange wiederholt bis alle Teilnehmer flüssig mittanzen können und beide Seiten gleich oft wiederholt wurden
9 – 16	Leg Curl	X- Crossed Arms	
17 – 24	Mambo Cha cha	8 – formen mit jeweiligen Arm des Führungsfußes	
25 – 32	Knee Lift Repeater (3x)	Arme lang strecken und ranziehen	
Block B / 32 ZZ (Layering)			
1 – 8	Tap Up	Clapping hands	Aufbaumethode: Layering. Start sind 7 Basic Steps (25 ZZ) und ein L-Step (im Wechsel re li) 1- 24 Basic 25 – 32 L-Step 1) 1-8 (ZZ) Basic ersetzen durch Tap up (2x) 2) 9 – 16 (ZZ) Basic ersetzen durch Kick (2x) 3) 17 – 24 (ZZ) Basic ersetzen durch Knee Lift (2x)
9 – 16	Kick	Punksh front	
17 – 24	Knee Lift	Arme lang strecken und ranziehen	
25 – 32	L- Step	Arme lang hoch beim Step auf gehen, seitlich lang beim seitlichen Schritt.	

				Choreographie wird so lange wiederholt bis alle Teilnehmer flüssig mittanzen können und beide Seiten gleich oft wiederholt wurden
Block C / 32 ZZ (Layering)				
1 – 8	A – Step		Side Lift	Aufbaumethode: Layering. Start sind 7 Basic Steps (25 ZZ) und ein Leg Curl Repeater (3x) (im Wechsel re li) 1- 24 Basic 25 – 32 Repeater 1) 1-8 (ZZ) Basic ersetzen durch A-Step (2x) 2) 9 – 16 (ZZ) Basic ersetzen durch V – Step (2x) 3) 17 – 24 (ZZ) Basic ersetzen durch „Superman" (2x)
9 – 16	V – Step		Arme zum passenden Fuß nach vorn, wieder zurück zur Hüfte	
17 – 24	Superman		Arm des Führungsfußes wird erst seitlich, dann nach vorn ausgestreckt (Superman Pose)	
25 – 32	Leg Curl Repeater (3x)		Rudern	
				Choreographie wird so lange wiederholt bis alle Teilnehmer flüssig mittanzen können und beide Seiten gleich oft wiederholt wurden
Finale				
Block A auf rechts und auf links + Block B auf rechts und links + Block C auf rechts und links zusammen fügen (Add-On Methode) und mehrmals hintereinander wiederholen.				

Tabelle 4: Tab. 4 Step Aerobic Cool Down

Cool Down I (ca. 5 Minuten / Musik 120 bpm)		
Ziel ist hier den Puls zu senken. Zusätzlich wird die Intensität gesenkt, Armbewegungen werden herausgenommen		
Beinbewegung	**Arm- / Oberkörperbewegung**	**Hinweise / Kommentare**
Tap Up	Keine	Lineare Progression (LP)
Basic	Keine	LP
Step touch	Keine	LP
March in/out	Keine	LP
March	Keine	LP

Tabelle 5: Tab. 5 Step Aerobic Cool Down II - Stretching

Cool Down II (ca. 5 Minuten / Musik ca. 120 bpm)

Ziel: Dehnung der beanspruchten Muskulatur, Regeneration, Pulssenkung, die Teilnehmerin wieder „abholen". Die Beweglichkeit wird gefördert und somit auch das Wohlbefinden gesteigert

Beinbewegung	Arm- / Oberkörperbewegung	Hinweise / Kommentare (Alle Dehnungen sind statisch und werden jeweils rechts und links vollzogen)
Auf dem Step eine Verse Richtung Boden ziehen	Arme ziehen 1x nach vorne und zurück	Rundrücken (Wade / Brust / Deltoideus werden gedehnt)
Beine weit auseinander aufstellen, ein Knie / Bein beugt sich, das andere Knie bleibt ausgestreckt	Hände stützen sich auf dem nicht zu dehnenden Bein ab	Oberkörper ist aufgerichtet (Adduktoren werden gedehnt)
Standbein ist leicht gebeugt, den anderen Fuß am Fußgelenk greifen und zum Gesäß ziehen, Knie sind parallel	Freie Hand stützt sich an der Hüfte ab oder, bei Bedarf, an einer Wand	Oberkörper ist aufgerichtet (Hüftbeuger wird gedehnt)
Schlussstand	Arme langsam gestreckt über die Seite hoch und tief führen, 3x tief ein- und ausatmen, applaudieren und bedanken für die Teilnahme.	Abschluss der Stunde und Motivation

5 Abschlusskommentar

Rückblickend auf die Planung und Durchführung der Kursstunde sind einige Differenzen / Diskrepanzen aufgefallen. Die anfängliche Befürchtung die Blöcke könnten für die Teilnehmerinnen zu wenig sein und durch die hohe Wiederholungszahl als langweilig empfunden werden hat sich in keinster Weise bestätigt. Die Teilnehmerinnen kamen mit dem Tempo sehr gut mit und die Motivation war sehr hoch. Einige Technikfehler konnten zusätzlich durch die vielen Wiederholungen behoben werden. Die Trainerin war voll des Lobes und die Damen haben sich sichtlich gefreut. Einzig das „wippen" vereinzelter Teilnehmerinnen beim auf- und absteigen der Steps muss noch mehr reduziert werden um Verletzungen vorzubeugen. In Zukunft wird die Planung erfahrungsgemäß schneller und einfacher von der Hand gehen, sobald sich mehr Routine eingefunden hat. Das Planen der Stunde hat doch sehr viel Zeit in Anspruch genommen sowie die Zeit des Übens um Übergänge flüssig und sauber zu gestalten. Das Cueing bedarf mehr Routine, die sich aber bald einstellen wird wenn mehr Kurse im Step gegeben werden. Das Warm-Up war schon für einige Teilnehmerinnen sehr anstrengend, was nur zeigt wie gering die Ausdauer bei diesen Damen ist, diese werden die nächsten Stunden weiterhin beobachtet, ggf. muss das Niveau etwas gesenkt werden um ihnen den Einstieg zu erleichtern. Die Aufbaumethoden wurden gut gewählt und der Großteil der Teilnehmerinnen kam sehr gut mit und konnten somit zusätzlich auf ihre Technik achten. Neue Schritte wurden in dieser Stunde nicht eingeführt um die Anfängerinnen nicht zu überfordern und die Motivation aufrecht zu erhalten. Da die Kundinnen eher jung sind wurde die neuste Musik ausgewählt die auch sehr gut von ihnen aufgenommen wurde. Block A und B wurden etwas zu oft wiederholt sodass Block C zu kurz kam um auch mit der vorgegebenen Zeit von einer Stunde haushalten zu können. Glücklicherweise wurde Block C von den Teilnehmerinnen als leicht empfunden und das Finale konnte gut zusammen gefügt werden. Zukünftig müsste genau aufgeschrieben werden wie viele Wiederholungen pro Block stattfinden um die Zeit besser nutzen zu können. Es konnte jedoch pünktlich Schluss gemacht werden sodass der nachfolgende Kurs rechtzeitig beginnen konnte.

Schussendlich ist zu sagen das es mehr Routine braucht um schneller eine Stundenplanung auf die Beine stellen zu können, diese wird sich erfahrungsmemäß nach einigen Wochen einstellen.

6 Tabellenverzeichnis

Tabellenverzeichnis

Tabelle 1: Tab. 1 Step Aerobic Warm Up 7
Tabelle 2: Tab. 2 Step Aerobic Spezielles Warm Up 7
Tabelle 3: Tab. 3 Step Aerobic Hauptteil 8
Tabelle 4: Tab. 4 Step Aerobic Cool Down 9
Tabelle 5: Tab. 5 Step Aerobic Cool Down II - Stretching 10

7 Literaturverzeichnis

Grisl, G. (2006). *Lizenzstufe im Berliner Turnverbund e. V. / Modellstunde Step – Aerobic.* Zugriff am 27.07.2015. Verfügbar unter www.instructor-zone.de/downloads/2006/Step_2teLizenzstufe.pdf

Prof. Dr. Reiß, M. & Prof. Dr. Eifler, C. (2014). *Gruppentraining 2.* Saabrücken: Deutsche Hochschule für Prävention und Gesundheitsmanagement.

BEI GRIN MACHT SICH IHR WISSEN BEZAHLT

- Wir veröffentlichen Ihre Hausarbeit, Bachelor- und Masterarbeit

- Ihr eigenes eBook und Buch - weltweit in allen wichtigen Shops

- Verdienen Sie an jedem Verkauf

Jetzt bei www.GRIN.com hochladen und kostenlos publizieren